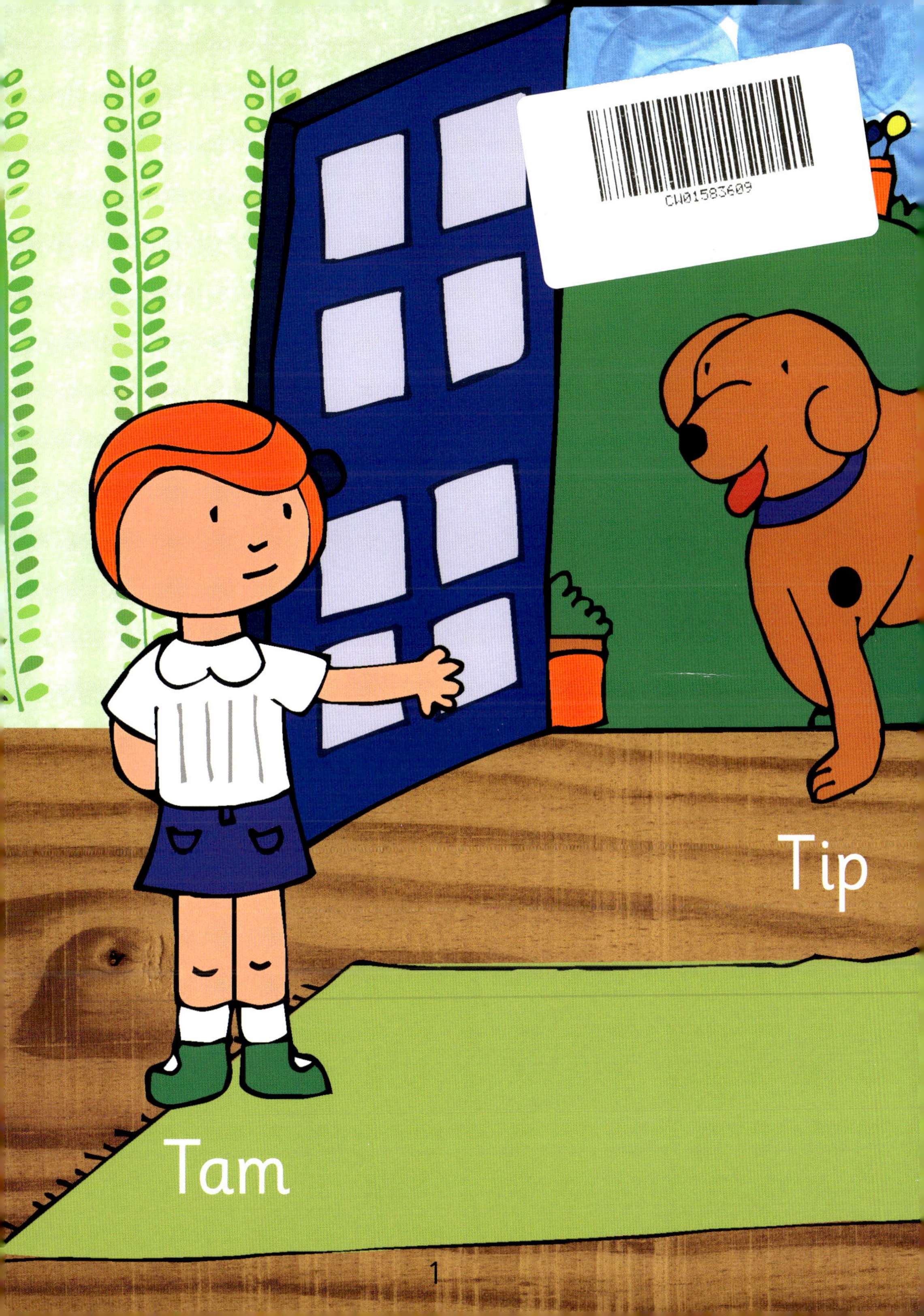
Tip
Tam

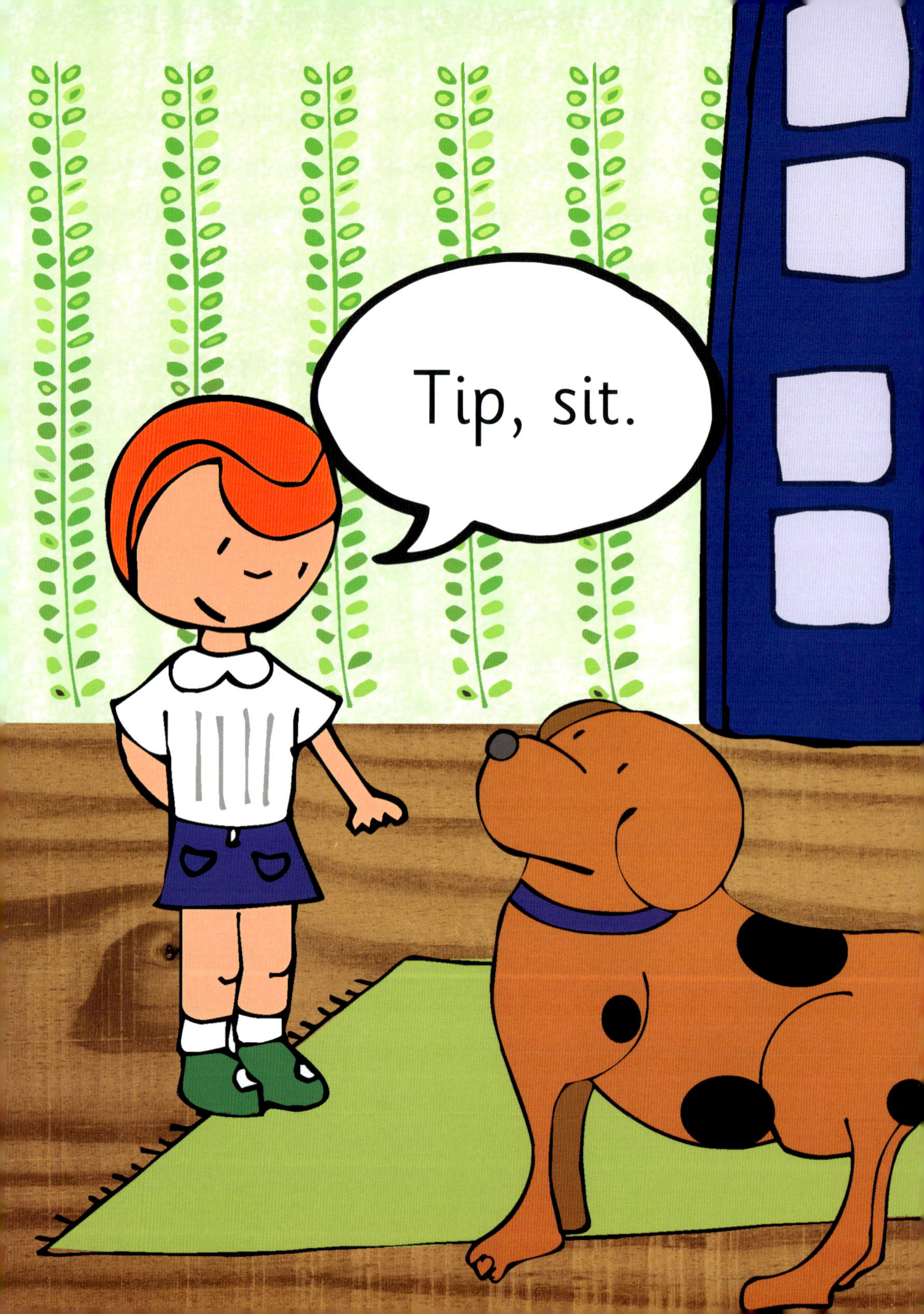
Tip, sit.

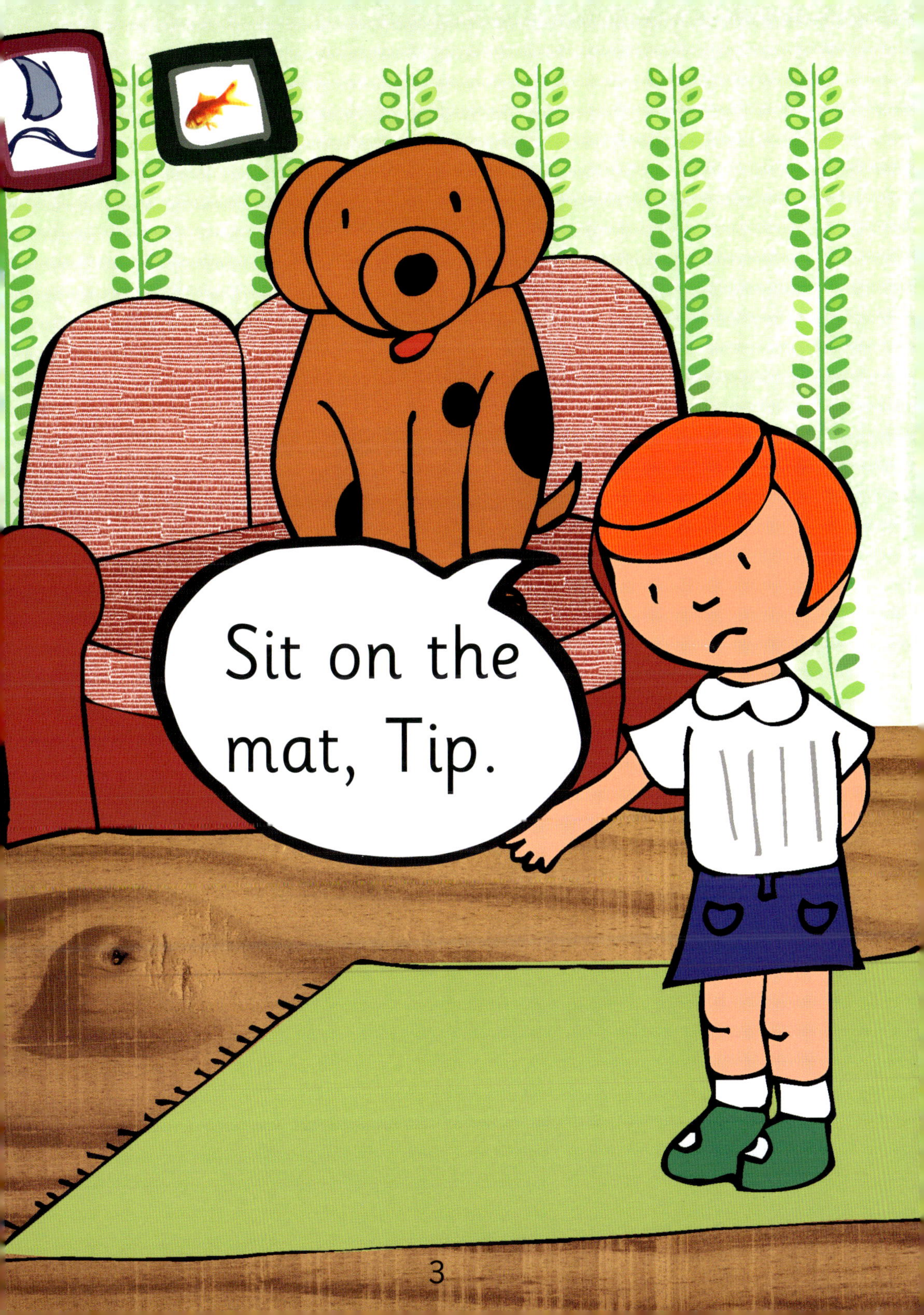
Sit on the mat, Tip.

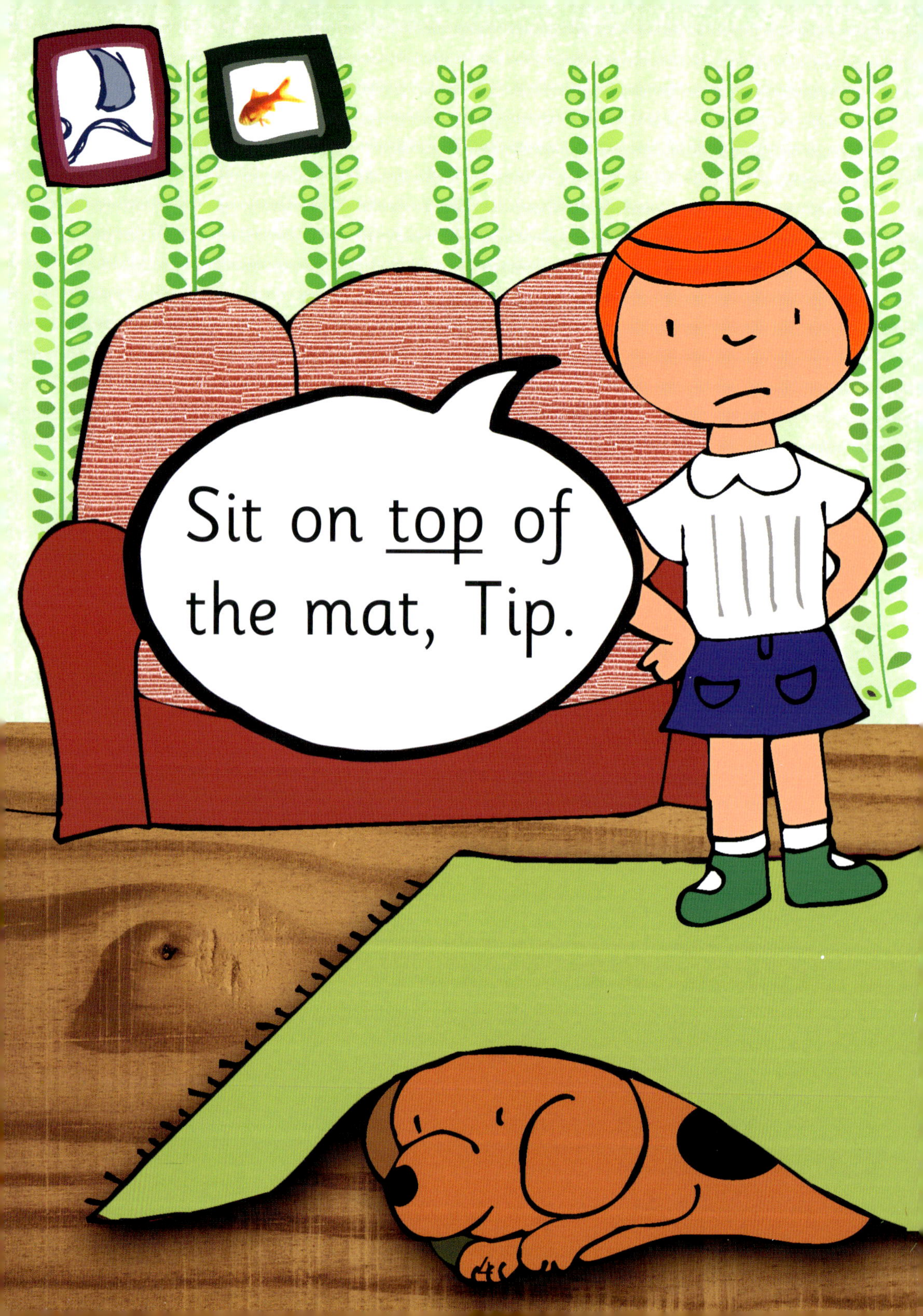
Sit on top of the mat, Tip.

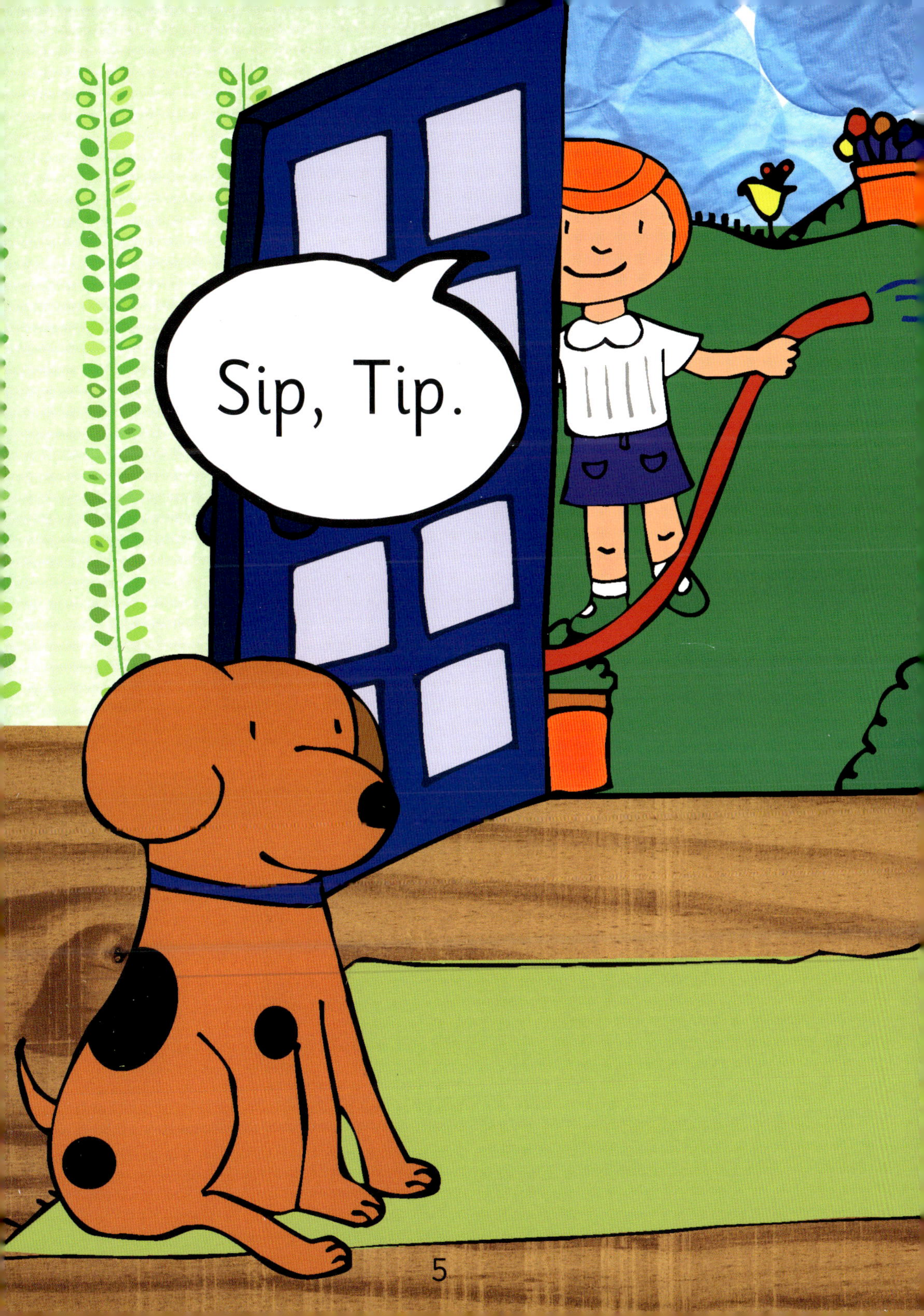
Sip, Tip.

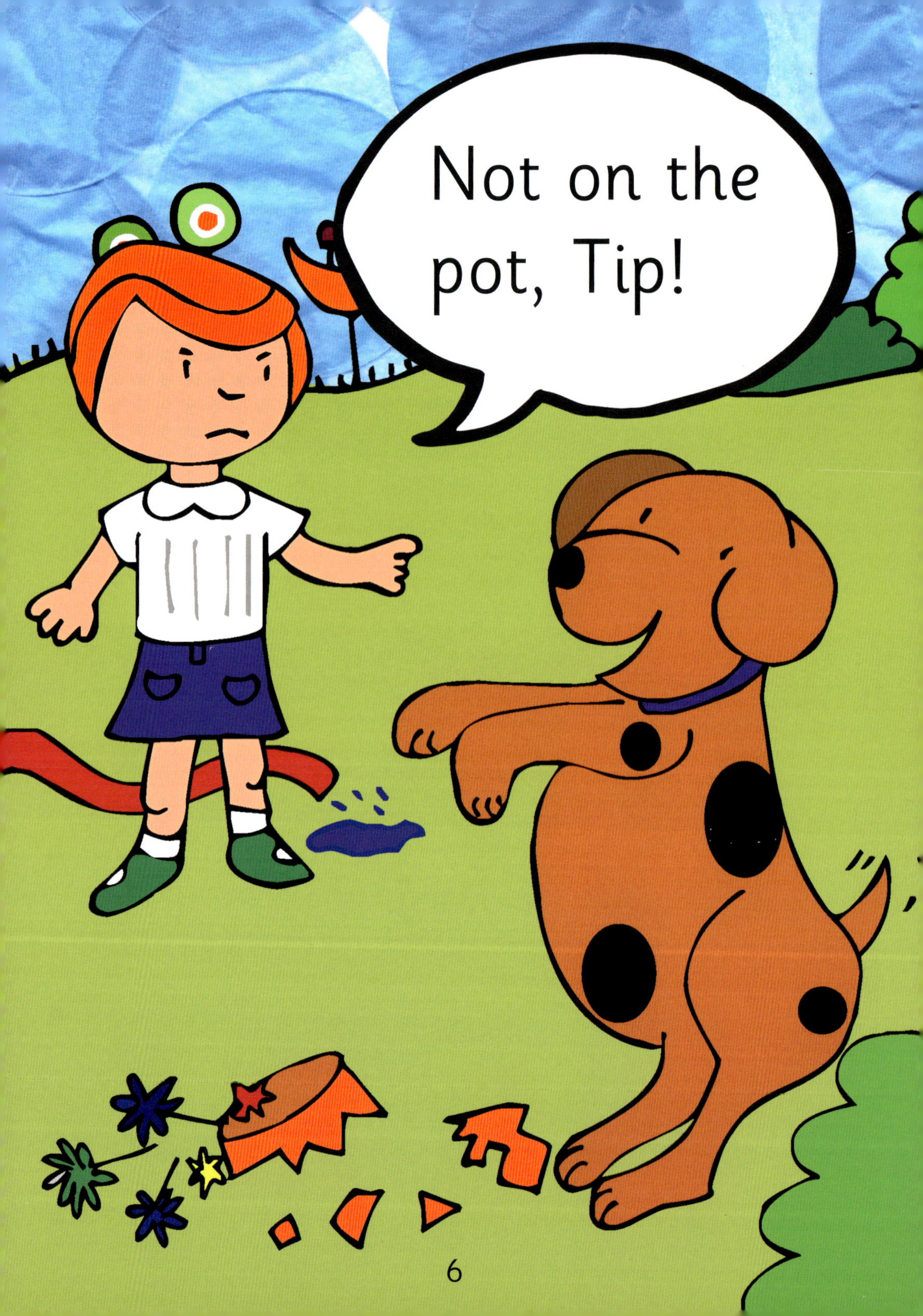
Not on the pot, Tip!

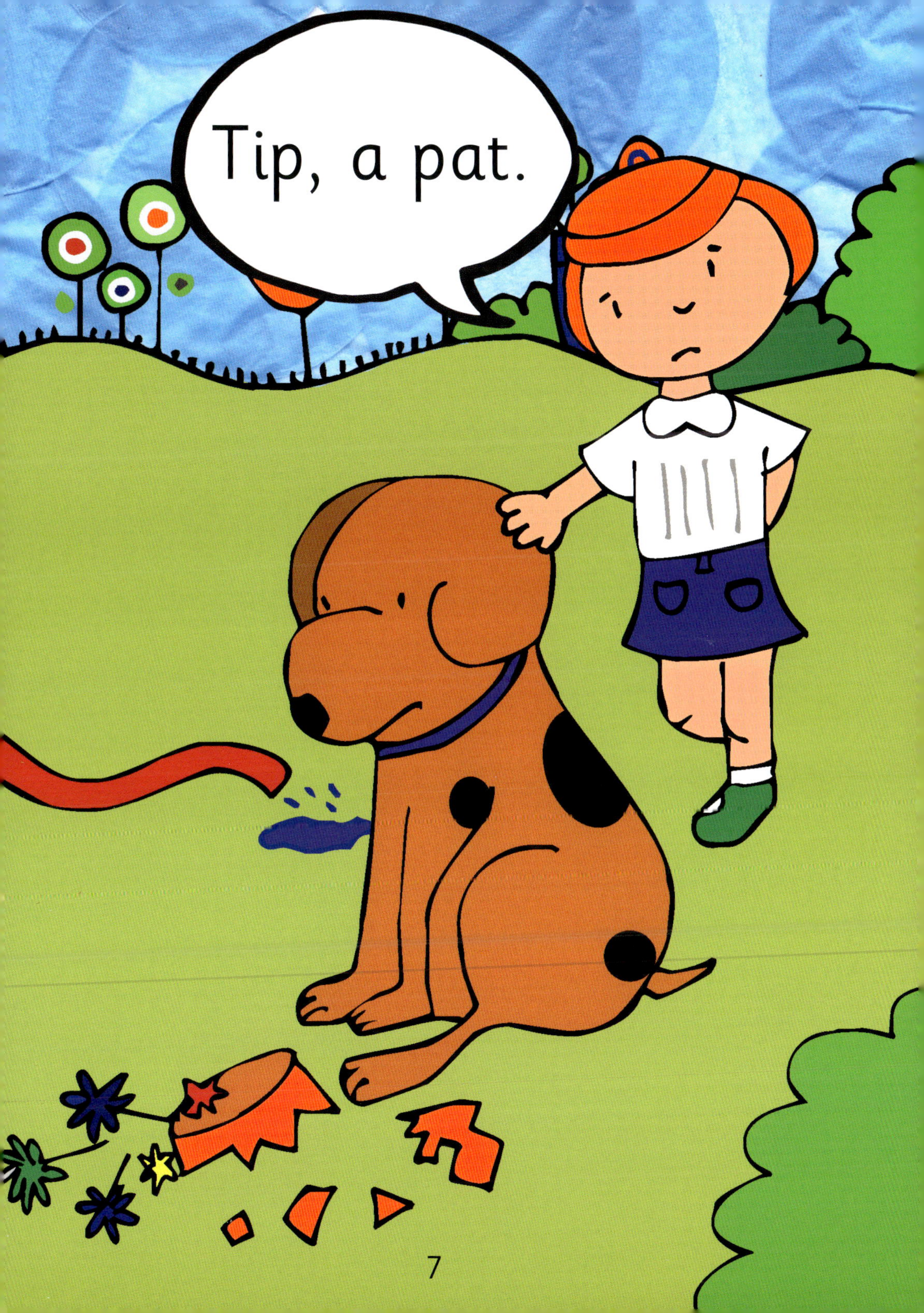
Tip, a pat.

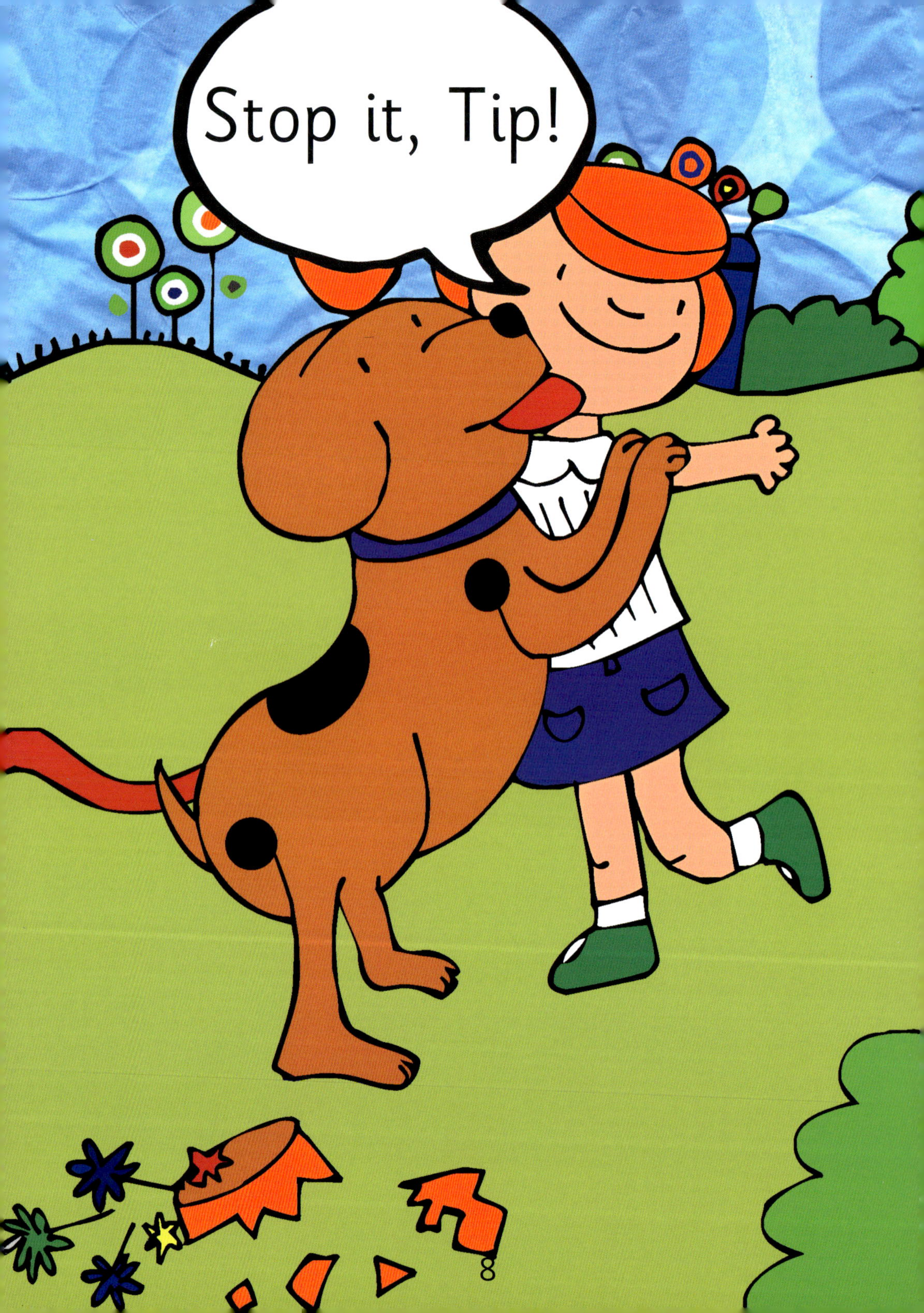
Stop it, Tip!